Música de todo el mundo

Los patrones

Char Benjamin

Créditos

Dona Herweck Rice, *Gerente de redacción*; Lee Aucoin, *Directora creativa*; Don Tran, *Gerente de diseño y producción*; Sara Johnson, *Editora superior*; Evelyn Garcia, *Editora asociada*; Neri Garcia, *Composición*; Stephanie Reid, *Investigadora de fotos*; Rachelle Cracchiolo, M.A.Ed., *Editora comercial*

Créditos de las imágenes

cover Liveshot /Shutterstock; p.1 Liveshot /Shutterstock; p.4 Joel Shawn/Shutterstock; p.5 (top) Michael Rubin/Shutterstock, (bottom left) Jose Gil/Shutterstock, (bottom right) Sam DCruz/Shutterstock; p.6 GoodMood Photo/Shutterstock; p.7 Love Strandell/Shutterstock; p.8 Tom Grundy/Shutterstock; p.9 Marcel Jancovic/Shutterstock; p.10 M.E. Mulder/Shutterstock; p.11 Newscom; p.12 Peter Roan; p.13 Arturo Limon/Shutterstock; p.14 Mau Horng/Shutterstock; p.15 Bob Krist/Corbis; p.16 Peter Roan; p.17 Tohoku RM/Getty Images; p.18 Suzan Oschmann/Shutterstock; p.19 Robert Fried/Alamy; p.20 Jim Hughes/Shutterstock; p.21 (top) Jinlide/Dreamstime, (bottom) Drozdowski/Shutterstock; p.22 Marek Walica/iStockphoto; p.23 For The Post/Newscom; p.24 (top) IMSphotos/Newscom, (bottom) Leach/Shutterstock; p.25 Stephanie Reid; p.26 (top) Zentilia/Dreamstime, (bottom) Adele De Witte/Shutterstock; p.27 Stephanie Reid; p.28 Oliver Hamalainen/iStockphoto

Teacher Created Materials
5301 Oceanus Drive
Huntington Beach, CA 92649-1030
http://www.tcmpub.com

ISBN 978-1-4333-2727-8

Reprinted 2012

Tabla de contenido

La música

A las personas les encanta tocar música. Los pies golpetean cuando escuchas una marcha. Las manos aplauden cuando escuchas un tambor.

La música sigue un **patrón**. Los instrumentos hacen música cuando siguen un patrón. Es igual por todo el mundo.

África occidental

El cuerpo de un tambor djembé se hace con un solo trozo de madera. La parte superior se llama cabeza. Está cubierta de piel de cabra.

Las cuerdas que rodean el tambor son muy importantes. Se usan para afinar el tambor.

Exploremos las matemáticas

Los tocantes del djembé usan patrones. Las palabras *palmada*, *bajo* y *tono* le indican al músico dónde debe golpear el tambor. La letra *D* se refiere a la mano derecha, y la letra *I* corresponde a la mano izquierda. Éste es un patrón de djembé:

	D	I	D	I	D	I	D	I	D	I
bajo	X	X					X	X		
tono			X	X						
palmada					X	X				

a. ¿Qué golpe continúa el patrón: palmada, tono o bajo?

b. ¿Qué mano siempre empieza el patrón?

África

El piano del pulgar tiene teclas de metal o bambú. Las teclas largas producen notas bajas. Las teclas cortas producen notas altas.

El piano del pulgar recibe también otros nombres. Algunos son:

Kalimba

Mhira

Sansa

Es fácil aprender a tocar. ¡Puedes hacer tu propia música dentro de poco tiempo!

Exploremos las matemáticas

Este piano del pulgar tiene un número para cada tecla. Te dicen qué tecla tocar con el pulgar. Éste es un patrón para una melodía:

4 4 5 4 4 6 4 4 5 4 4 ___

a. ¿Qué tecla debes tocar después?

b. ¿Qué tecla ocupa el lugar número 15 en el patrón?

Australia

El diyiridú se hace de una rama hueca de árbol. Primero las termitas se comen el interior de la rama. Se corta la rama del árbol. Después se le quita la corteza. Luego se hace una **boquilla**.

¿Qué patrones ves en el diyiridú?

Por último, se pintan patrones. Los diyiridú largos tienen un sonido profundo. Los cortos tienen un sonido alto.

Irán

El daf es como una pandereta. Es redonda. Está cubierto de piel de pescado o cabra. Dentro del marco, se colocan aros de metal.

Los aros de un daf se llaman sonajas.

En el pasado, sólo las mujeres tocaban el daf. Hoy también lo tocan los hombres.

Exploremos las matemáticas

La pandereta es como el daf. Ambos instrumentos tienen sonajas. Esta pandereta tiene una fila doble de sonajas. En la siguiente tabla se muestra el número total de sonajas que tiene una pandereta con dos filas.

número de pares	5	6	7	8	9
número total de sonajas	10	12			18

Copia y completa la tabla. Luego contesta las siguientes preguntas:

a. ¿Cuántas sonajas tiene en total una pandereta de 8 pares?

b. ¿Qué patrón observas en el número de sonajas?

China

El dizi es una flauta hecha de bambú. Tiene 10 agujeros a lo largo. Hay un agujero para soplar. Los otros agujeros se tapan con los dedos.

Hay un agujero que está cubierto por un delgado trozo de **junco**. Esto hace un sonido similar a un zumbido cuando se toca.

Japón

El kotsuzumi es un pequeño tambor de mano hecho de madera. Se apoya sobre el hombro. Tiene la forma de un reloj de arena.

Las 2 cabezas del tambor están cubiertas de piel de ternero. Se usa pintura para los patrones.

Exploremos las matemáticas

Los tambores suelen tocarse con patrones de 4 tiempos. En la siguiente tabla se muestra el patrón del golpeteo de un tambor. La X mayúscula representa un golpe fuerte. La x minúscula corresponde a un golpe suave. La unidad del patrón es la parte del patrón que se repite.

X x x x X x x x X x x ____

a. ¿Cuál es la unidad del patrón?

b. ¿Con qué tipo de golpe continúa el patrón?

c. Crea tu propio patrón. ¿Cuál es la unidad que se repite?

Perú

La antara es una clase de flauta que se toca en Perú. Para formarla se cortan tubos de caña o bambú de distinto tamaño.

Los tubos largos hacen sonidos profundos. Los tubos cortos hacen sonidos altos. Estos tubos están atados en una fila curva o recta.

México

En México se tocan las maracas. Estos instrumentos, que se agitan, están hechos con **calabazas** secas. Tienen frijoles, semillas o piedras pequeñas adentro.

Cualquier cosa que está adentro afecta el sonido cuando se agitan. Una de las maracas tiene un **tono** más alto que el otro.

Exploremos las matemáticas

Estas maracas están decoradas con un patrón. ¿Qué color debe usarse a continuación para seguir el patrón?

Italia

La gente hace pequeñas flautas de arcilla desde hace miles de años. Tocaban unas pocas notas. Este tipo de flauta se llama ocarina.

En los 1800, un panadero hizo una ocarina mejor. Había 8 agujeros en la parte superior para los dedos. En la parte inferior había 2 agujeros para los pulgares.

La palabra ocarina significa "ganso pequeño" en italiano.

Tu hogar

¿Quieres hacer tu propio instrumento musical? Puedes hacer un par de claves. Sólo necesitas 2 bastones de madera y un poco de pintura.

Pinta un patrón sobre la madera. Golpea una clave contra la otra para hacer una canción.

Incluso puedes hacer tu propio tambor. Consigue una lata de café vacía y papel.

Dibuja un patrón en el papel.
Pega el papel alrededor de la lata.
¡Ahora toca a tu propio ritmo!

Exploremos las matemáticas

Observa este tambor. Tiene un patrón en su exterior.

a. ¿Qué figura continúa el patrón?

b. ¿Qué figura ocupa el lugar número 12 del patrón?

Resuelve el problema

Decoremos las maracas

Tu clase de música está haciendo maracas. Cada maraca tiene un patrón. La maestra de música quiere que uses 4 figuras diferentes para hacer el patrón. ¿Qué patrón harás? ¿Qué figura es el número 12 de tu patrón?

¡Resuélvelo!

Sigue estos pasos para resolver el problema.

Paso 1: Elige 4 figuras diferentes.

Paso 2: Elige el patrón que te gustaría diseñar.

Paso 3: Usa las figuras que elegiste para hacer el patrón.

Paso 4: Repite el patrón hasta hallar la figura que ocupa el lugar número 12.

Glosario

boquilla—la parte de un instrumento musical en que se apoya la boca

calabazas—frutos con cáscara dura de una planta trepadora

claves—bastones de madera con forma de cilindro que se usan como instrumentos de percusión

junco—pasto alto y delgado

patrón—algo que se repite muchas veces

tono—cuán agudo o grave es un sonido

Índice

Respuestas

Exploremos las matemáticas

Página 7:
a. tono
b. derecha

Página 9:
a. 6
b. 5

Página 13:
a. 16 sonajas
b. la cantidad aumenta de a 2

Página 17:
a. X x x x
b. suave (x)
c. Las respuestas pueden variar.

Página 21:
rojo

Página 27:
a. el corazón morado
b. la flor anaranjada

Resuelve el problema

Las respuestas pueden variar según el patrón diseñado.

Printed in Dunstable, United Kingdom

87838132R00020